예수님의 이름으로

In the Name of Jesus
: reflections on the Christian leadership
by Henri J.M. Nouwen

Copyright ⓒ 1989 by Henri J. M. Nouwen
Originally published by Crossroad Publishing Company, New York, USA
All rights reserved.

Translated by the permission of Crossroad Publishing Company
through the arrangement of KCBS Literacy Agency, Seoul, Korea.

Korean translation copyright ⓒ 2008 by Duranno Press
95 Seobinggo-Dong, Yongsan-Gu, Seoul, Korea

본 저작물의 한국어판 저작권은 KCBS Literacy Agency를 통해 저작권사와
독점 계약한 두란노서원이 소유합니다.
신저작권법에 의거하여 한국 내에서 보호를 받는 저작물이므로 무단 전재와 무단 복제를 금합니다.

예수님의 이름으로

지은이 | 헨리 나우웬
옮긴이 | 두란노 출판부
초판발행 | 1991. 6. 30.
개정 2판 2쇄 | 2008. 6. 10.
개정 2판 46쇄 발행 | 2024. 10. 17.
등록번호 | 제3-203호
등록된 곳 | 서울시 용산구 서빙고동 95번지
발행처 | 사단법인 두란노서원
영업부 | 2078-3333 FAX 080-749-3705
출판부 | 2078-3444

▮책값은 뒤표지에 있습니다.
ISBN 978-89-531-0940-7 03230

▮독자의 의견을 기다립니다.
tpress@duranno.com   http://www.duranno.com

두란노서원은 사도행전19장 8-20절의 정신에 따라 첫째 목회자를 돕는 사역과 평신도를 훈련시키는 사역, 둘째 세계선교(TIM)와 문서선교(단행본·잡지) 사역, 셋째 예수문화와 경배와 찬양사역, 그리고 가정·상담 사역 등을 감당하고 있습니다. 1980년 12월 22일에 창립된 두란노서원은 주님 오실 때까지 이 사역들을 계속할 것입니다.

예수님의 이름으로

헨리 나우웬 | 두란노 출판부 옮김

두란노

프롤로그
하나님은 당신을 리더로 부르신다

친구 머레이 맥도넬Murray Mcdonnell이 데이브레이크Daybreak, 정신지체장애우를 위한 라르쉬의 캐나다 토론토 공동체로 나를 찾아왔다. 워싱턴 D.C.에 있는 인간개발연구소Center for Human Development 15주년 기념행사에서 '21세기 크리스천 리더십'에 대한 강연을 부탁하기 위해서였다.

토론토에서 미국 워싱턴은 꽤 먼 거리였다. 게다가 당시 데이브레이크에서 원목으로 일하기 시작한 지 얼마 안

된 터라 무척 바빴다. 하지만 나는 그 자리에서 흔쾌히 수락했다. 인간개발연구소 총재로서 연구소 발전을 위해 애쓰는 그를 실망시킬 수 없었기 때문이다. 또한 연구소를 설립한 빈센트 드와이어Vincent Dwyer 신부님이 성직자들이 정서적이고 영적인 온전함을 추구할 수 있도록 헌신적으로 일하는 데 경의를 표하고 있던 차였다.

초대에는 응했으나 정작 걱정은 다가올 세기의 크리스천 리더십을 통찰력 있게 조망하는 일이었다. 게다가 강연회 청중은 대부분 목회자였다. 날마다 목회와 교회 사역의 미래에 대해 생각하는 사람들에게 과연 내가 무엇을 말할 수 있겠는가? 그리고 50년대 사람들이 오늘날의 목회자들이 겪는 일을 예견하지 못했듯이 나 또한 20세기 이후의 세대를 어떻게 미리 내다볼 수 있을지도 걱정스러웠다.

하지만 '도저히 못하겠어'라고 물러서면 설수록 내 안에서는 그간 데이브레이크 공동체와 함께하면서 갖게 된 생각들을 강연하고 싶은 욕구가 점점 커져 갔다.

지난 수년 동안 신학생들을 앞에 두고 목회에 대해 가르쳤다. 그리고 지금은 학자로서의 길을 접고 정신지체 장애우들과 그들을 위해 일하는 사람들을 돕는 사역자로 부름을 받았다. 그런 내게 스스로 이렇게 질문해 본다.

"20년 동안 사역을 준비하는 젊은이들에게 강의를 해 왔다. 그렇다면 과연 나는 하루하루를 어떻게 살고 있는 가? 나의 사역에 대해 어떤 생각을 가지고 있으며, 이런 생각들이 날마다 내가 하는 말과 행동에 어떤 영향을 주는가?"

질문에 대한 답을 찾으면서, 내일은 물론 다음 주나 내년이나 다음 세기에 대해 전혀 염려할 필요가 없음을 알게 되었다.

지금의 내가 생각하고 말하고 행동하는 것을 정직하게 돌아보려고 하면 할수록 미래로 나를 인도하시는 내 안에 계신 하나님의 영과 쉽게 교통할 수 있었다. 하나님은 현재의 하나님이시며, 더불어 미래를 향해 발걸음을 내딛는 순간을 주의 깊게 들으려는 사람들에게 계시하신다. 예수님이 말씀하신다.

내일 일을 위하여 염려하지 말라 내일 일은 내일 염려할 것이요 한 날 괴로움은 그날에 족하니라 마 6:34.

이런 생각을 가지고 데이브레이크의 원목으로 일하면서 느끼는 바를 적어 나가기 시작했다. 기도하는 중에 개인적인 경험과 지식을 하나하나 검토하면서 나와는 다른 환경에 있는 목회자들에게 어떤 것들을 전할지 조심스럽게 구별했다. 주님의 인도하심으로 구별해 낸 것들을 정리해 강연 원고를 작성했고, 한 권의 책이 되었다.

강연 원고인 이 책을 읽기 전에 꼭 하나 강조하고 싶은 것이 있다. 바로 워싱턴에 나 혼자 가지 않았다는 것이다. 강의를 준비하면서 한 가지 깨달음을 얻었다. 예수님은 말씀을 전하도록 제자들을 보내실 때 결코 혼자 보내지 않으셨다는 사실이다.

그분은 언제나 제자들을 둘씩 짝지어 사역지로 보내셨다. 그런데 왜 나와 같이 가겠다는 사람이 아무도 나서지 않는 건지 의아해졌다. 현재 내 삶이 진정 장애우들을 위한 삶이라면 왜 그들 중에 나와 함께 기꺼이 먼 길을 여행하고, 함께 사역하려는 사람이 아무도 없단 말인가? 나는 워싱턴에 함께 갈 사람을 선정해 달라고 공동체에 부탁했다.

몇 차례 의논 끝에 데이브레이크 공동체는 빌 반 뷰렌 Bill Van Buren을 함께 보내기로 결정했다. 그는 한 집에 사는 모든 장애우 가운데 말과 몸짓으로 의사 표현을 가장 잘하는 친구다. 그는 우리 우정이 싹트기 시작할 때부터 내가 하는 일에 관심을 보였다. 예배를 인도하는 중에는 나를 도와주겠다고 제의하기도 했다.

그러던 어느 날, 자신은 아직 세례를 받지 않았다고 고백했다. 그러면서 이제는 교인이 되고 싶다고 말했다. 그에게 세례를 받기 원하는 사람들을 위해 마련된 교구 프로그램을 알려 주었다.

그는 매주 목요일 저녁마다 한 번도 빠지지 않고 교구 모임에 참석했다. 모임 시간은 꽤 길었고, 그의 정신 능력으로는 도저히 감당할 수 없는 복잡한 발표와 토론들도 많았다. 하지만 그는 그룹에 속할 줄을 알았다.

그는 사람들이 자신을 진심으로 받아 주고 사랑해 주

는 것을 느꼈다. 그는 지금껏 경험해 보지 못한 관심과 사랑을 받았고, 그 역시 기쁜 마음으로 그들에게 많은 것을 베풀었다. 머지 않아 그는 세례와 견신례를 받았다. 그리고 부활절 전야에 치른 첫 번째 성찬식은 그의 생애 최고의 순간이었다. 예수님이 깊이 자신을 감동하시는 것을 느꼈고, 물과 성령으로 거듭나는 것이 무엇인지 비로소 깨달았다.

이후 빌에게 세례와 견신례를 받은 사람들은 다른 사람들에게 예수님의 복음을 전해야 한다고 종종 이야기했다. 그래서 내가 워싱턴에 함께 가자고 하자, 그는 그것을 나의 사역에 동참하자는 권유로 받아들였다. 그가 떠나기 전에 몇 번이나 이렇게 물었다. "우리 이 일을 함께

하는 거지요?"

그때마다 이렇게 답해 주었다. "그래요, 우리가 함께하는 거예요. 당신과 내가 복음을 전하기 위해 워싱턴에 함께 가는 거예요."

빌은 그와 내가 함께한다는 말을 굳게 믿었다. 내가 강연에서 무슨 말을 어떻게 해야 할지 고심하는 순간에도 빌은 자신이 해야 하는 일에 대해 매우 자신만만했다.

사실 나는 빌이 나와 함께 여행하는 것을 무척 근사한 일로 여겨 들떠 있을 거라 생각했다. 하지만 그는 처음부터 자신이 나를 돕는다는 사실에 무척 뿌듯해했다.

나중에야 우리가 '함께한다'는 것에 대해 그가 나보다 더 정확하게 알고 있었다는 것을 깨달았다. 토론토에서 비행기에 올랐을 때 빌이 그 사실을 다시 한 번 상기시켜 주었다.

"우리가 이 일을 함께하는 거지요?" "물론이죠."

빌의 강연 참석은 그날 강연에 함께한 사람들에게 매우 크고 지속적인 영향력을 끼치게 되었다.

- 헨리 나우웬

※ 헨리 나우웬은 구교의 신부이기에 용어의 표기가 개신교와 조금씩 차이가 있으나 개신교 출판사인 본 출판사는 독자의 이해를 쉽게 하기 위해 많은 용어들을 개신교적으로 표기하였습니다.

차례

프롤로그
들어가는 글

1부. 기도하는 리더십
현실 지향에서 기도하는 삶으로

1. 현실 지향적인 자아를 버리다   24
   …… 보이지 않는 아픔을 보듬어주라
2. 예수님과 사랑하라.   34
   …… 하나님은 나를 사랑으로 지으셨다
3. 묵상 기도로 돌아가라   42
   …… 사랑의 음성을 듣는 훈련

2부. 영혼을 섬기는 리더십
인기 관리에서 진정한 목양으로

1. 인기에 연연하지 말라   50
   …… 사람들의 박수에 현혹되지 말라
2. 서로에게 도움이 되는 목양을 하라   56
   …… 섬기는 리더십으로 이끌라
3. 연약함을 고백하고 용서를 구하다   64
   …… 영적 쉼터를 마련하라

3부. 예수님을 따르는 리더십
인도하는 자리에서 인도받는 자리로

1. 권력의 유혹을 뛰어넘으라   74
   …… 사랑의 관계로 들어가라
2. 사랑이 이끄는 삶을 살라   82
   …… 겸손하게 주를 따르는 삶
3. 예수님의 마음으로 생각하기   88
   …… 신학적 리더십을 훈련하라

나오는 글
에필로그

들어가는 글

영적 리더는 순종한다
– 하버드를 떠나 라르쉬로 가다

'21세기 크리스천 리더십'에 대한 강연 요청을 받았을 때 사실 좀 불안했습니다. 당장 내일 무슨 일이 있을지도 모르는데, 어떻게 다음 세기에 대해 말할 수 있겠습니까? 강연 내용을 준비하는 동안 내적 갈등을 참 많이 겪은 끝에 되도록 제 자신에게 정직하자고 마음먹었습니다.

먼저 제 자신에게 물었습니다. "너는 최근 어떤 결정들을 내렸으며, 그 결정들 속에 네가 미래를 보는 관점들이 어떻게 반영돼 있는가?"

아무튼 하나님이 내 안에서 일하시는 것을 믿어야 했습니다. 그리고 내적으로든 외적으로든 내가 새로운 곳으로 가는 것은, 아주 거대한 움직임 가운데 아주 작은 일부분이라는 것을 믿어야만 했습니다.

학계에서 목회 상담, 목회 신학과 기독교 영성 신학을 가르치는 교수로서 20년을 지내면서 깊은 내적 위기를 경험했습니다. 쉰 살이 되던 해, 문득 이런 생각이 들었습니다. '나이를 더 먹은 만큼 예수님께 더욱 가까워졌는가?'

하지만 당시 저는 25년 동안이나 성직에 몸을 담아 왔으면서도 제대로 기도할 줄도 모르고, 사람들에게서 동떨어져 지내는 편이며, 눈앞에 닥친 문제에 매달려 동동거리며 지내고 있었습니다.

모든 사람들이 내가 아주 잘하고 있다고 했습니다. 하지만 제 안에서는 나의 성공이 나의 영혼을 위험에 빠뜨리고 있다고 속삭였습니다.

깊은 묵상 기도가 부족하고, 늘 외로워하고, 눈앞의 일에 매달려 사는 것은 곧, 성령이 억압당하고 있다는 신호였습니다. 전에 지옥이라는 것에 대해 말해 본 적도 없고 있다손 치더라도 농담 정도였는데, 가만 보니 제 자신이 어느덧 몹시도 어두운 곳에 살고 있었습니다. 이와 같은 영적 죽음을 일컫는 아주 적합한 심리학적 용어가 있습니다. 바로 '탈진burnout'입니다.

그때 주님께 계속 기도했습니다.

"주님, 주님께서 제가 가기를 원하시는 길을 보여 주시면 따르겠습니다. 그렇지만 분명하고 모호하지 않게 해 주십시오."

그리고 하나님은 그렇게 하셨던 것 같습니다. 정신지

체장애우 공동체 라르쉬를 설립한 장 바니어Jean Vanier를 통해 하나님이 말씀하셨습니다. "심령이 가난한 자들 가운데 가서 그들과 함께 살아라. 그러면 그들이 네 심령을 치유할 것이다."

그 부르심은 너무나 분명했고, 저는 순종했습니다. 그래서 하버드를 떠나 라르쉬로 갔습니다. 훗날 세계를 움직일 수도 있는 지성을 가진 이들을 떠나 말도 잘 하지 못하는 사람들, 우리 사회의 가장자리에서 맴돌 것 같은 사람들에게로 옮겨 갔습니다.

무척 힘들고 고통스러운 선택이었습니다. 솔직히 아직도 이 어려움을 극복해 가고 있습니다. 지난 20년 동안 가고 싶은 곳은 어디든 갔고, 또 원하는 주제를 놓고 열

띤 토론을 하며 기쁨을 느꼈습니다. 그러나 이제 말은 필요 없고 엄격한 규칙에 따라 생활해야 하는, 몸과 마음이 상한 사람들과 함께하는 숨겨진 삶을 살게 되었습니다.

물론 당장은 그런 삶이 영적 탈진을 해결할 수 있는 길로 보이지 않았습니다. 하지만 라르쉬에서 시작한 새로운 삶은, 21세기 크리스천 리더십에 대해서 말할 수 있도록 제게 새로운 언어를 가르쳐 주었습니다. 하나님의 말씀을 맡은 사역자로서 우리가 직면하는 모든 도전들을 그곳에서 발견했던 것입니다.

자, 이제 정신지체장애우들과 함께 살아온 내 삶의 모습 몇 가지를 보여 드리겠습니다. 미래의 크리스천 리더십이 무엇인지 궁금한 분들이 이 책을 통해 답을 얻을 수 있기를 소망합니다. 나의 이야기를 함께 나누면서 복음서의 두 가지 사건 곧, 예수님이 광야에서 시험을 받으신 사건마 4:1-11과 베드로를 목자로 부르신 사건요 21:15-19을 중심으로 이야기하고자 합니다.

From Relevance to Prayer

시험에 들지 않게

깨어 있어 기도하라

마음에는 원이로되

육신이 약하도다 하시고

마가복음 14:38

1부

기도하는 리더십
현실 지향에서 기도하는 삶으로

현실 지향적인 자아를 버리다
예수님과 사랑하라 | 묵상 기도로 돌아가라

In the Name of Jesus 1

현실 지향적인 자아를 버리다

영적 리더는 자신의 연약한 자아밖에는 줄 것이 없는 모습으로 이 세상에 서 있도록 부름 받았다.

정신지체장애우들과 한 집에서 살면서 맨 처음 놀란 것은, 그들은 내가 지금껏 해 온 일에 아무런 관심이 없다는 것이었습니다. 내가 쓴 책을 읽을 수 있는 사람이 아무도 없으니 내 글을 보고 감동받을 수도 없었습니다.

또 그들 가운데 대부분이 학교를 다녀 본 적이 없었기에 나를 소개할 때, 노틀담이니 예일, 하버드 같은 대학에서 가르쳤다고 이야기해 봤자 아무 소용없었습니다. 교파를 초월해 세계 각지에서 펼친 활동들도 그들에게는 전혀 관심 밖의 일이었습니다.

머릿속 지식을 더 이상 어디에도 사용할 수 없다고 깨닫는 순간, 불안감이 엄습해 왔습니다. 라르쉬 사람들은 나를 대하는 순간순간 매번 나를 다르게 인식했습니다. 하루에도 수십 번씩 인정받았다가 다시 무섭게 거부당했고, 따스하게 포옹해 주다가도 불현듯 돌변해 느닷없이 주먹이 날아오기도 했습니다. 더없이 기분 좋게 웃다가도 일순 소리 내어 울며 눈물을 쏟는 일도 다반사였습니다. 그런 사람들 앞에서 저는 언제나 당황스럽기 그지없었습니다.

마치 삶을 맨 처음부터 다시 출발하는 느낌이었습니다. 관계나 줄이나 명성 따위는 이제 아무짝에도 쓸모 없게 되었던 것입니다.

꽤 많은 세월이 흘렀지만, 지금도 역시 처음과 같은 일상 속에서 생활하고 있습니다. 덕분에 저는 지금도 내가 누구인지 새롭게 발견해 가고 있습니다. 깨어지고 상처 입고 철저하게 꾸밈없는 사람들과 함께 지내면서 저 또한 참 많이 깨졌습니다.

그들을 만난 이후 현실 지향적 자아를 버리게 되었습니다. 사실 저는 그동안 어떤 일이든 훌륭하게 해낼 수 있고, 뭔가 대단한 걸 보여 줄 수 있고, 증명할 수 있고, 어떤 곤경에 처하더라도 거뜬히 풀어 나갈 수 있다고 젠체해 왔습니다. 하지만 이제는 그 대신 꾸밈없는 자아, 그리고 일의 성취에 관계없이 더없이 편안한 마음으로 사랑을 주고 받을 줄 아는 그런 자아를 다시 갖게 되었습니다.

미래의 크리스천 리더 역시 마찬가지입니다. 그들은 현실과 타협하지 않아야 합니다. 그들은 자신의 연약한 사아밖에는 술 것이 없는 모습으로 이 세상에 서 있도록 부름 받았습니다. 우리 주 예수님께서도 하나님의 사랑을 나타내시기 위해 이와 같은 방법으로 오셨습니다.

하나님의 말씀을 전해야 하는 사역자로서, 또한 예수님을 따르는 자로서 우리가 전해야 하는 메시지는 단 하나입니다.

하나님께서는 우리가 행하거나 이루어 놓은 일 때문에

우리를 사랑하시는 것이 아닙니다. 하나님께서 사랑 가운데서 우리를 창조하시고 구원하셨기 때문에, 또한 모든 인류의 삶의 진정한 근본인 그 사랑을 전하도록 우리를 선택하셨기 때문에 우리를 사랑하신다는 것입니다.

예수님께 닥쳤던 첫 번째 시험은 현실에 충실하라는 것이었습니다. 사탄은 돌들을 빵으로 바꾸라고 성화였습니다. 저도 '아, 내가 그렇게 할 수만 있다면…' 하고 참으로 간절히 기도했던 적이 있습니다.

여러 해 전, 영양실조와 수질 오염으로 어린이들이 죽어 가는 페루의 리마Lima 변두리에 있는 신흥 도시에 갔습니다. 만일 그때 돌을 맛난 빵으로 변하게 하고, 저수지 오물을 두 손으로 떠올리기만 하면 맛있는 우유로 변하게 하는 신비한 은사를 제안 받았다면, 아마 나는 거부할 수 없었을 것입니다.

우리는 병으로 고통받는 사람들을 도와주고, 배고픈 사람들을 먹이고, 굶어 죽어 가는 사람들을 살려 내도록 부름을 받은 것이 아닐까요? 또한 우리가 그들의 삶에 변화를 일으켰다고 그들이 확실히 느낄 만한 그런 일을 하

하나님은 우리가 행한 일 때문에
우리를 사랑하시는 것이 아니다.
하나님께서 사랑 가운데서 우리를 창조하시고,
구원하셨기 때문에, 삶의 진정한 근본인
그 사랑을 전하도록 우리를 택하셨기 때문에 우리를 사랑하신다.

도록 부름을 받지 않았을까요?

병든 사람을 치료하고, 굶주린 사람에게 먹을 것을 주며, 가난한 사람들의 고통을 덜어 주기 위하여 우리는 부름을 받지 않았나요? 예수님께서도 똑같은 문제에 직면하셨습니다.

하지만 돌을 빵으로 변화시키는 지극히 현실 지향적 행동을 함으로써 하나님의 아들로서 그의 능력을 나타내 보이라는 요구를 받았을 때, 그분은 '말씀 선포'라는 자신의 사역을 고수하시며 이렇게 말씀하셨습니다.

"사람이 빵으로만 살 것이 아니요 하나님의 입으로 나오는 모든 말씀으로 살아야 한다."

보이지 않는 아픔을 보듬어 주라

사역을 하면서 경험하는 가장 큰 고통은 자존감이 낮아진다는 것입니다. 오늘날 많은 목회자들은 자신들이 거의 영향력을 행사하지 못하고 있음을 점점 더 인식하게 됩니다.

아주 바쁘게 보내지만, 사회는 물론 교회에조차 좀체 변화가 일어나지 않습니다. 주일마다 예배하는 교인들이 점점 줄어듭니다. 반면에 사람들은 심리학자들이나 정신과 의사, 가정생활 상담자나 의사들을 목회자보다 더 신뢰합니다.

무엇보다 사역자들에게 가장 고통스러운 현실은, 그들의 뜻을 따르고 그 뜻에 매력을 느끼는 젊은이들이 점점 줄어드는 것입니다. 그렇다 보니 오늘날 목사나 신부가 되거나 그런 신분을 가진 것은 더 이상 생명을 바칠 만큼 가치 있는 일이 아닙니다.

오늘날 교회 안에는 칭찬의 소리는 거의 없고, 비판의 소리만 가득 차 있습니다. 이런 상황 속에서 누가 의기소침해지지 않고, 또 오랫동안 헌신할 수 있겠습니까?

세상 사람들은 큰소리로 외쳐 댑니다. "우리 힘으로 충분히 살아갈 수 있어. 하나님도 필요 없고 교회도 목사도 필요 없어. 잘 안 되는 게 있으면 좀 더 열심히 하면 되지 뭐. 예수를 믿는 믿음이 없는 건 아무 문제도 아니야. 중요한 건 자신감이 없는 거라고. 아프면 큰 병원에 유능한 의사를 찾아가면 돼. 가난? 그쯤이야 능력 있는 정치가만 우리가 잘 뽑으면 충분히 해결할 수 있어. 기술적 문제가 있다면 유능한 엔지니어를 양성하면 되고, 전쟁이 일어난다면 능력 있는 협상가만 있으면 아무 문제 없어.

지난 수세기 동안에는 하나님, 교회, 목회자가 무능력의 골을 메워 왔지만, 오늘날은 다른 방법으로 그 골을 충분히 메울 수 있어. 더 이상 현실에서 일어나는 문제를 해결하기 위해 영적인 대답을 구할 필요가 없단 말이지."

세상이 이렇다 보니 사역자들은 점점 더 세상으로부터 소외당하고 있습니다. 많은 목회자들이 계속 성직에 남아 있어야 하는지 고민하기 시작합니다. 더러는 새로운 적성을 개발하여 성직을 떠나, 동시대 사람들과 더 나은 세계를 만들기 위해 '적절한' 헌신을 하는 사람들도 있습니다.

그러나 이것은 제가 말하고자 하는 것과는 근본적으로 다른 이야기입니다. 우리 시대에 이룩한 모든 위대한 성취 이면에는 깊은 절망이 도사리고 있습니다.

현대 사회에서는 효율성과 통제를 아주 중요하게 생각합니다. 그렇다 보니 수없이 많은 사람들의 가슴에는 고독, 소외감, 우정과 친밀감의 결핍, 깨어진 관계, 권태, 공허, 우울, 자신은 아무짝에도 쓸모없다며 자학하는 감정 등이 가득 차 있습니다.

세상은 점점 병들어 가고 있습니다. 십대 아이들이 문란한 성생활에 빠져 있는가 하면, 마약을 복용하고, 폭력을 서슴지 않고 있습니다.

이와 같은 타락의 모든 이면에서 가슴 아픈 절규가 들리는 듯합니다. "나를 사랑해 줄 사람이 있습니까? 나를 진정으로 생각해 줄 사람이 있습니까? 내가 어찌할 바를 모르고 울고 싶을 때 나와 함께 있어 줄 사람이 있습니까? 나를 붙들어 주고 내가 혼자가 아니라는 사실을 확신시켜 줄 사람이 있습니까?"

자신감으로 가득 찬 사회를 자세히 들여다보면 '나는 부적절하다'는 생각이 만연해 있습니다. 세상에는 심각한 영적·도덕적 장애로 고통받는 사람들이 점점 늘어나고 있습니다.

새로운 영적 리더십이 매우 절실한 때입니다. 미래의 크리스천 리더는 이 시대의 풍조와 결코 타협하지 않겠다고 분명하게 외치는 사람이어야 합니다. 이런 사람은 하나님이 주신 소명으로써 화려한 성공 뒤에 가려진 고통을 깊이 이해하고, 그곳에 예수님의 빛을 비춰 주는 일을 하게 될 것입니다.

In the Name of Jesus 2
예수님과 사랑하라

하나님은 사랑으로 우리의 깊은 내면을 만드셨다.
당신은 사랑받는 존재이다. 두려워할 이유가 없다.

예수님은 베드로에게 목자가 될 것을 명령하시기 전에 먼저 이렇게 물으셨습니다. "요한의 아들 시몬아, 네가 이 사람들보다 나를 더 사랑하느냐?" 그리고 또 물으셨습니다. "네가 나를 사랑하느냐?" 한 번 더 물으셨습니다. "네가 나를 사랑하느냐?"

이 질문은 기독교 사역에서 가장 핵심이 되는 질문입니다. 왜냐하면 이 질문은, 우리가 이 세상과 타협하지 않으면서도 진정한 자신감을 가질 수 있도록 해 주기 때문입니다.

예수님을 봅시다. 세상은 그분에게 아무런 관심을 기울이지 않았습니다. 그분은 십자가에 매달려 돌아가셨습니다. 힘과 능률, 지배를 추구하는 세상은 그분의 메시지를 거부했습니다. 그렇지만 볼 줄 아는 눈이 있고, 들을 수 있는 귀가 있고, 또한 이해할 만한 마음을 가진 몇몇 제자들에게 영광스런 그 몸의 상처를 가지고 그분은 나타나셨습니다.

거절당하고, 알려지지도 않았으며, 몸에 상처를 입은 예수님은 단순히 이렇게 물으셨습니다.

"네가 나를 사랑하느냐? 네가 나를 사랑하느냐?"

오직 하나님의 무조건적인 사랑을 전하는 데만 관심을 가지셨던 그분이 유일하게 하셨던 질문은 "네가 나를 사랑하느냐?"가 전부였습니다.

"얼마나 많은 사람들이 당신을 소중히 여깁니까? 앞으로 얼마나 많은 업적을 쌓을 것입니까? 결과를 좀 보여 주겠습니까?" 하는 식의 질문이 아닙니다. 이는 곧 "예수 그리스도와 사랑을 나누고 있습니까?"라는 질문입니다. 이 질문을 다른 식으로 표현하자면 "당신은 인간이 되신 하나님을 아십니까?"와 같습니다.

외로움과 절망이 가득한 이 세상에는 하나님의 마음을 아는 사람들이 필요합니다. 용서하고 진정으로 생각하고 손을 내밀어 치유해 주기를 원하는 사람들이 너무나도 필요합니다. 그 마음에는 의심도 없고, 복수심도 없고, 원한도 없으며, 증오 또한 전혀 없습니다.

단지 아무 조건 없이 사랑을 주고 그 응답으로 사랑을 받고자 하는 마음뿐입니다. 그 마음은 엄청난 인간의 고통과 위로, 희망을 주고자 하시는 하나님의 마음을 믿지 않으려는 모습을 바라보면서 말할 수 없이 고통스러워하는 마음입니다.

미래의 영적 리더십은 예수로 성육신하신, 곧 '육신의 마음'을 가지신 하나님의 그 마음을 진정으로 아는 것입니다.

하나님의 마음을 안다는 것은 하나님은 사랑이시고 그 사랑이 최상의 사랑이라는 것을, 또한 두려움과 소외감과 절망이 우리 영혼에 몰려올 때마다 이는 하나님으로

부터 온 것이 아니라는 것을 계속해서 그리고 매우 구체적으로 선포하고 확신하는 것을 의미합니다.

하나님은 나를 사랑으로 지으셨다

너무 단순하고, 어쩌면 진부하게 들릴지도 모르지만, 자신이 아무 조건이나 제한 없이 사랑을 받고 있다는 것을 아는 사람은 거의 없습니다. 이런 무조건적이고 무제한적인 사랑을 사도 요한은 '첫째 사랑God's first love'이라 불렀습니다. 그는 우리가 서로 사랑하자고 하면서 이는 "하나님께서 우리를 먼저 사랑하셨기 때문이다"라고 했습니다 요일 4:19참조.

우리에게 의심과 좌절, 분노와 원망을 남기는 사랑은 '둘째 사랑the second love'입니다. 부모와 스승, 배우자 그리고 친구들로부터 받는 인정이나 애정, 연민, 격려와 지원 등이 바로 둘째 사랑입니다.

이런 사랑은 한계가 있고 깨어지기도 쉽습니다. 둘째

사랑의 이면에는 항상 거절이나 후퇴, 벌, 거짓말, 폭력, 심지어 증오심까지도 도사리고 있을 수 있습니다. 이와 같은 인간관계의 모호성과 양면성을 많은 영화와 연극, 드라마에서 그려 내고 있습니다.

세상에 존재하는 우정과 결혼, 그리고 공동체에서 나누는 둘째 사랑에는 긴장과 스트레스가 있게 마련입니다. 그리고 유쾌하기 그지없어 보이는 일상생활 뒤에는 포기나 배신, 거절, 단절, 손실 등을 동반하는 숱한 상처들로 골이 깊게 패여 있습니다.

이 모든 상처들은 둘째 사랑이 가진 어두운 측면입니다. 그리고 이 어둠은 인간의 가슴속에서 완전히 사라지지 않을 어두움이기도 합니다.

사람들 사이에서 오가는 둘째 사랑은 하나님이 주시는 첫째 사랑의 깨어진 모습일 뿐입니다. 하나님이 아무런 어두움이 없는 첫째 사랑을 우리에게 주셨다는 사실은 정말 기쁜 소식입니다.

예수님의 마음은 어두움이 없는 하나님의 첫째 사랑이 구체화된 것입니다. 그분의 마음에는 생수의 강이 흐르고 있습니다. 그분은 큰소리로 부르십니다.

> 누구든지 목마르거든 내게로 와서 마시라요 7:37.
> 수고하고 무거운 짐진 자들아 다 내게로 오라 내가 너희를 쉬게 하리라 나는 마음이 온유하고 겸손하니 나의 멍에를 메고 내게 배우라 그러면 너희 마음이 쉼을 얻으리나마 11:28-29.

그 마음으로부터 "네가 나를 사랑하느냐"라는 말이 나왔습니다.

예수님의 마음을 안다는 것과 예수님을 사랑한다는 것은 같습니다. 예수님의 마음을 안다는 것은 곧 참마음을 아는 것입니다. 그런 지식을 갖고 이 세상을 살아간다면 치유와 화해, 새로운 삶과 새로운 희망을 심어 주는 일을 하지 않고는 견딜 수 없을 것입니다.

또한 현실과 타협하고자 하고, 하나님 나라가 아닌 이 세상에서 권세를 얻어 성공하고자 하는 욕망은 마침내 사라질 것입니다. 나아가 우리의 존재를 다해 형제 자매인 온 인류에게 이렇게 말하게 될 것입니다.

그분의 마음에는 생수의 강이 흐르고 있다.

그분은 큰소리로 부르신다.

"누구든지 목마르거든 내게로 와서 마시라" 요 7:37.

"당신은 사랑받는 존재입니다. 두려워할 아무런 이유가 없습니다. 하나님은 사랑으로 우리의 깊은 내면을 만드셨으며, 어머니의 태에서 당신을 조성하셨습니다"시편 139:13참조.

In the Name of Jesus 3

묵상 기도로 돌아가라

크리스천 리더에게 가장 필요한 훈련은 "네가 나를 사랑하느냐?"라고
계속 물으시는 그분의 임재 안에 거하는 것이다.

현실과 타협하려는 욕망의 지배에서 벗어나 하나님의 첫째 사랑을 아는 지식 안에 거하려면 신비주의자mystic가 되어야 합니다. 신비주의자란, 하나님의 첫째 사랑 안에 자신의 존재 의미를 깊이 뿌리내리고 있는 사람입니다.

미래의 영적 리더에게 가장 필요한 훈련은, "네가 나를 사랑하느냐? 네가 나를 사랑하느냐? 네가 나를 사랑하느냐?"라고 계속 물으시는 그분의 임재 안에 거하는

훈련입니다.

그러기 위해서는 묵상 기도에 힘써야 합니다. 묵상 기도를 통하여 다급한 문제에 쫓겨 다니고, 하나님의 마음이나 자신의 마음에 대해 무감각해지는 것으로부터 자유로워질 수 있습니다.

묵상 기도를 하면 길을 가면서도, 병으로 신음하는 중에도, 폭력과 전쟁이 난무한 상황 속에서도 편안함을 느낄 수 있습니다. 또한 묵상 기도는 주변의 모든 일들과 사람들이 그 반대되는 것을 말한다고 해도 우리는 자유로우며, 이미 거할 곳을 찾았고, 벌써 하나님께 속해 있다는 깨달음을 더욱 깊이 새겨 줍니다.

도덕적이고, 훈련을 잘 받았고, 진심으로 동료들을 도우려는 마음이 있고, 또 논쟁에 대한 창조적인 대응책을 제시할 능력이 있다고 해서 미래의 크리스천 리더로서 자격이 충분하다고 할 수는 없습니다. 이 모든 것이 아주 가치 있는 것은 분명하지만, 크리스천 리더십의 핵심은 아니기 때문입니다.

가장 중요한 것은 "리더로 세워진 사람들이 진정으로

하나님의 사람들입니까?"라는 것입니다. 즉, 그들이 하나님의 존전에 거하고, 하나님의 음성을 듣고, 하나님의 아름다움을 보고, 육화된 하나님의 말씀을 만지고, 하나님의 끝없는 인자하심을 맛보고자 간절히 사모하는 사람들인가 하는 것입니다.

'신학theology'이라는 용어의 원래 의미는 '기도 속에서 하나님과의 연합union with God in prayer'입니다. 안타깝게도 오늘날 신학은 그저 여러 학문 가운데 한 영역이 되고 말았습니다. 심지어 신학자이면서도 기도하는 일을 어려워합니다.

영적 리더는 하나님을 잘 아는 마음을 품고 모든 말씀을 신포해야 합니다. 또한 하나님의 말씀을 바탕으로 조언하고, 전략을 개발할 때도 하나님을 잘 아는 마음이 밑바탕이 되어야 합니다. 그러기 위해서는 먼저 신학의 신비주의적인 면을 재조정해야 합니다.

사랑의 음성을 듣는 훈련

요즘 보면 교회들이 교황권, 여성 안수, 성직자의 결혼, 동성애, 산아 제한, 낙태, 그리고 안락사와 같은 이슈를 다룰 때, 주로 도덕적 수준에서 벗어나지 못하고 있습니다. 단지 도덕적 기준에서 어느 편이 옳고 그른지로 투쟁을 벌입니다.

우익, 복고주의, 보수주의, 자유주의, 좌익이니 하는 말들은 사람들의 입장을 나타내는 말입니다. 많은 논쟁들이 진리에 대한 영적 탐구를 위해서가 아니라, 권력을 쟁취하기 위해 벌어지곤 합니다. 그러나 이러한 투쟁도 모든 인간관계의 밑바닥에 깔려 있는 하나님의 첫째 사랑을 경험하면 없어질 수 있습니다.

크리스천 리더는 이 시대를 달구는 이슈에 대해서만 박식한 의견을 가져서는 안 됩니다. 성육신하신 예수 그리스도와의 영속적이고 친밀한 관계에 뿌리를 두고 어떤 말로 충고하고 가르쳐야 할지 생각해야 합니다.

그리고 지속적인 묵상 기도를 통하여 사랑의 음성을

거듭해서 듣는 훈련을 해야 합니다. 또한 어떤 이슈가 주어지든지 능히 대처할 수 있는 지혜와 용기도 사랑 안에서 찾는 훈련을 해야 합니다.

하나님과의 깊은 인격적 관계에 뿌리내리지 못한 채 세상의 이슈들을 다루다가는 자칫 자아가 분열되는 상황을 초래할 수 있습니다. 왜냐하면 자신도 모르는 사이에 주어진 주제에 대해 자의식이 자신의 의견을 개진하기 때문입니다.

그렇지만 생명의 원천에 우리의 인격적 친밀함이 견고하게 뿌리내리고 있다면, 적대적이지 않으면서도 유연할 수 있으며, 독단적이지 않으면서도 확신에 차 있을 수 있고, 자신감에 넘치면서도 상대가 불쾌하지 않게 대처할 수 있으며, 너무 무르지 않으면서도 온화하게 용서할 수 있고, 교활하다는 평판을 얻지 않으면서도 진정한 증언을 할 수 있을 것입니다.

참 열매를 맺는 리더가 되고자 한다면 도덕적인 사람이 아닌 영적인 사람이 되어야 합니다.

영적 리더는 지속적인 묵상 기도를 통하여
사랑의 목소리를 거듭해서 듣는 훈련을 해야 한다.
또한 어떤 이슈가 주어지든지 대처할 수 있게
그분의 사랑 안에서 지혜와 용기를 찾는 훈련을 해야 한다.

From Popularity to Ministry

이에 대야에 물을 담아

제자들의 발을 씻기시고

그 두르신 수건으로

씻기기를 시작하여

요한복음 13:5

2부

영혼을 섬기는 리더십
인기 관리에서 진정한 목양으로

인기에 연연하지 말라 | 서로에게 도움이 되는 목양을 하라
연약함을 고백하고 용서를 구하다

In the Name of Jesus 1
인기에 연연하지 말라

경쟁 사회에 팽배한 스타의식과 개인주의적 영웅주의가
오늘날 교회에도 가득하다.

라르쉬로 와서 경험한 두 번째 사건입니다. 나는 목회란 전적으로 개인적인 일이라고 믿게 하는 한 신학교에서 교육을 받았습니다. 나는 훈련이 잘되고 체계화되어 있어야 했습니다. 6년여의 훈련 기간이 끝나자 설교를 잘하고 성례전을 잘 집전하고 상담을 잘하며, 교구를 잘 이끌어 가게 되었습니다.

그 무렵, 나는 길에서 누구를 만나든 충분히 도울 수 있을 만큼 모든 것이 가득 찬 가방을 메고 머나먼 길을 떠나는 사람이 된 듯싶었습니다. 질문마다 대답들이 있었으며, 문제에는 해결책이 있었고, 고통에는 그에 합당한 약들이 있었습니다. 어떤 문제를 다루든지 이 세 가지 가운데 하나를 알고 있는지 그저 확인만 하면 되었습니다.

하지만 세월이 흐르면서 세상사가 그처럼 단순하지 않다는 것을 알게 되었습니다. 그러나 이후로도 개인주의적인 관점으로 사역에 임하는 자세는 조금도 바뀌지 않았습니다. 가르치는 사람이 되었을 때는 오히려 더 강화되었습니다. 원하는 주제는 물론 수업을 들을 학생까지도 마음대로 고를 수 있었습니다.

더욱이 내가 일하는 방식에 대해 그 누구도 이의를 제기하지 않았습니다. 그리고 일단 강의실을 떠나면 완전한 자유인이 되어 내가 하고 싶은 일을 마음껏 했습니다.

하지만 라르쉬에서 나의 개인주의는 철저히 변화되었습니다. 그곳에서 나는 장애우들과 함께 신실하게 살고자 애쓰는 많은 사람들 가운데 하나였습니다. 또한 신부라는 사실이 개인적인 행동을 할 수 있는 자격증이 되어 주지 못했습니다.

갑자기 모든 사람들이 시간마다 나의 행방을 알기 원했습니다. 그리고 나의 행동 하나하나마다 책임이 따랐습니다. 공동체의 한 지체가 나의 수행자로 지정되었으며, 작은 모임이 하나 만들어져서 내가 어떤 초대는 받아들이고 어떤 초대는 거절해야 하는지를 도왔습니다.

같이 사는 장애우들로부터 가장 많이 듣는 질문은 "오늘 밤 집에 계세요?"였습니다. 한 번은 함께 사는 트래버에게 인사도 없이 여행을 떠났습니다. 목적지에 도착해 트래버의 전화를 받았습니다. 그가 울먹이며 말했습니다. "헨리, 왜 우리를 떠났어요? 다들 당신을 보고 싶어해요. 제발 돌아와 주세요."

상처가 깊은 사람들과 한 공동체에 살면서 비로소 깨달았습니다. 저는 지금까지 대부분의 생애를 줄타기 곡예사처럼 살아왔던 것입니다. 언제 줄 위에서 떨어져 다리가 부러지고, 목숨을 잃게 될지도 모르면서 바보같이 사람들의 박수만을 고대하며 위태로운 하루하루를 이어왔던 것입니다.

사람들의 박수에 현혹되지 말라

예수님이 받았던 두 번째 유혹은 뭔가 굉장한, 그에게 열렬한 환호를 안겨다 줄 그런 일을 해 보라는 것이었습니다.

"성전 꼭대기에서 뛰어내려 보아라. 그러면 천사들이 손으로 너를 붙들어 네 발이 돌에 부딪히지 않게 해 줄 것이다."

하지만 예수님은 스턴트맨이 되기를 거부하셨습니다. 그분은 자신이 누구인지 증명해 보이려 하지 않으셨습니다. 자신이 굉장하다는 것을 보여 주기 위해 활활 타는 석탄 위를 걷지도 않으셨고, 불을 삼키지도 않으셨습니다. 또한 사자의 입 속에 손을 집어넣는 일도 하지 않으셨습니다. 그분은 오직 이렇게 말씀하셨습니다. "주 너의 하나님을 시험하지 말라."

오늘날의 교회 목회자들 사이에는 개인주의가 만연합니다. 사실 자랑할 만한 재능도 없으면서 대부분의 사람들은 일단 뭔가 보여 줄 게 있으면 혼자서 해야 된다고 예수님은 스턴트맨이 되기를 거부하셨다.
그분은 자신이 누구인지 증명해 보이려 하지 않으셨다.
자신이 굉장하다는 것을 보여 주기 위해 활활 타는 석탄 위를 걷지도,
불을 삼키지 않으셨다. 그분은 말씀하셨다.
"주 너의 하나님을 시험하지 말라."

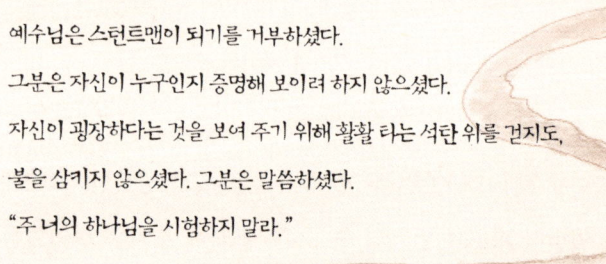

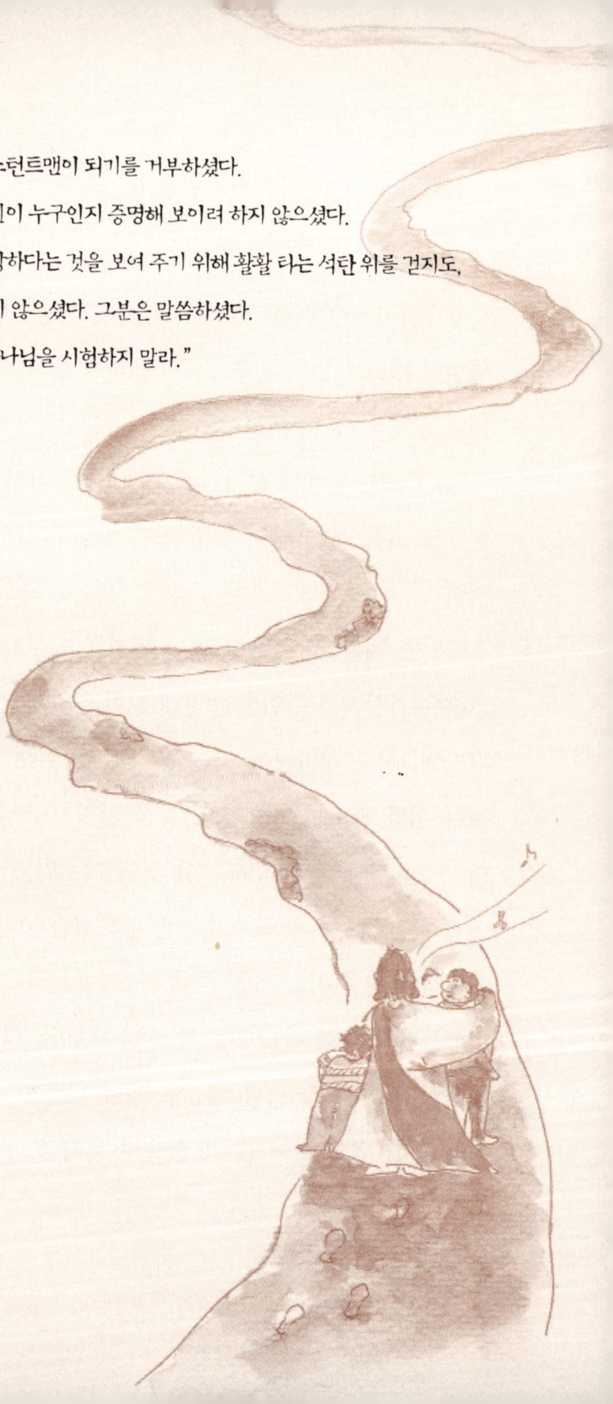

생각하는 것 같습니다.

　많은 목회자들이 스스로를 소위 실패한 줄타기 곡예사와 같다고 생각합니다. 자신에게는 수천 명의 사람을 끌어들일 만한 능력이 없고, 더구나 많은 사람들을 회심시킬 능력은 더더욱 없다고 고개를 숙입니다.

　아름다운 예배를 만들어 낼 수도 없고, 자신이 기대한 만큼 청소년들이나 젊은이들이나 나이 든 사람들에게 인기가 있는 것도 아니라며 의기소침해합니다. 자신이 돌보는 사람들의 필요에 그들이 바라는 만큼도 응할 수 없다고 부끄러워합니다.

　그러면서도 한편으로는 여전히 그 모든 것을 성공적으로 잘해 낼 수 있다고 자신만만해합니다. 이와 같이 경쟁 사회에 팽배한 스타 의식과 개인주의적 영웅주의는 안타깝게도 교회에도 가득합니다.

In the Name of Jesus 2
서로에게 도움이 되는 목양을 하라

헌신한다는 것은 자신의 믿음과 회의,
희망과 절망, 기쁨과 슬픔, 용기와 두려움 등을 다른 이들이 생명의
주인과 관계를 맺을 수 있도록 내놓는다는 것이다.

예수님이 베드로에게 "네가 나를 사랑하느냐?" 하고 세 번 물으신 후에 말씀하셨습니다. "내 어린 양을 먹이라. 내 양을 치라. 내 양을 먹이라."

베드로의 사랑을 확신하신 후에 예수님은 그에게 목회의 사명을 주십니다. 이 시대 문화 통념상 우리는 이 말을 마치 베드로가 영웅적인 사명을 행하도록 보냄을 받은 것처럼 받아들일 수도 있습니다.

그러나 예수님께서 말씀하시는 목양은 순한 양 떼를 돌보는 용감하고 외로운 한 목자의 이야기가 아닙니다. 예수님은 여러 가지 방법을 통해 분명히 말씀하십니다. 목회란 공동체적이며 상호 보완적 경험이라는 것을 말입니다.

예수님은 열두 제자를 둘씩 짝지어 보내십니다막 6:7참조. 그런데 우리는 우리가 둘씩 짝지어 보냄을 받았다는 사실을 계속 잊어버립니다. 혼자서는 복음을 전할 수 없습니다. 우리는 공동체 단위로 함께 복음을 전하도록 부름 받았습니다. 여기에 바로 하나님의 지혜가 있습니다.

> 진실로 다시 너희에게 이르노니 너희 중에 두 사람이 땅에서 합심하여 무엇이든지 구하면 하늘에 계신 내 아버지께서 저희를 위하여 이루게 하시리라 두세 사람이 내 이름으로 모인 곳에는 나도 그들 중에 있느니라마 18:19-20.

혼자 여행하는 것과 함께 여행하는 것은 아주 다릅니다. 나는 혼자 있을 때 예수님께 진심으로 신실하기가 얼마나 어려운지 거듭거듭 체험했습니다. 나는 함께 기도하고, 당면한 영적 문제를 함께 이야기하며, 나의 몸과 마음과 영혼이 늘 순수하도록 나를 도전할 형제와 자매들이 필요합니다.

그러나 훨씬 더 중요한 것은, 치유하시는 분은 내가 아니라 예수님이시고, 진리를 말씀하시는 분도 내가 아니라 예수님이시며, 나의 주인은 바로 예수님이라는 사실입니다.

하나님의 구원의 능력을 함께 선포할 때 이 사실은 더욱 분명해집니다. '함께' 사역할 때는 우리들의 이름이 아니라, 우리를 보내신 예수 그리스도의 이름으로 나아간다는 것을 사람들에게 더욱 쉽게 인식시킬 수 있기 때문입니다.

과거에 많은 여행을 하면서 설교도 하고 수련회도 인도하고, 대학 졸업식에서 연설도 하였습니다. 그러나 그때마다 늘 혼자 다녔습니다. 그렇지만 라르쉬 공동체에서는 나를 연사로 보낼 때마다 언제나 수행자를 딸려 보냅니다.

우리 공동체는 다음과 같이 확신합니다. 빌과 나를 사랑의 띠로 함께 묶으신 하나님께서 우리가 동역할 때 하나님 당신을 우리와 또한 다른 사람들에게 계시하실 것이라고 믿습니다. 그래서 빌과 내가 함께 지금 이 자리에 있는 것입니다.

　이것이 전부는 아닙니다. 목회란 공동체적 경험일 뿐만 아니라 상호 관계의 경험입니다. 예수님은 자신의 목양 사역에 대해 언급하시면서 이렇게 말씀하셨습니다.

> 나는 선한 목자라 내가 내 양을 알고 양도 나를 아는 것이 아버지께서 나를 아시고 내가 아버지를 아는 것 같으니 나는 양을 위하여 목숨을 버리노라 요 10:14-15.

　그분은 우리도 목자가 되기를 원하십니다. 예수님은 베드로가 예수님의 양을 치고 돌보기를 원하십니다. 그러나 환자의 문제를 알고 그것들을 다루는 '전문가'로서 돌보기를 원하시는 것은 아닙니다. 남의 문제를 알지만 또 자신의 문제도 알릴 필요가 있고, 남을 돌볼 뿐 아니라 자신도 보살핌을 받아야 하며, 용서하고 또 용서받는, 사랑하면서 다른 사람의 사랑을 받는 그런 연약한 한 인간으로 목회하기를 원하십니다.

섬기는 리더십으로 이끌라

훌륭한 리더십을 발휘하려면, 인도해야 하는 사람들과 적당한 거리를 두어야 한다고들 생각합니다. 일반 의학이나 정신 의학, 사회사업 모두 일방적인 '봉사service'의 모델을 제시합니다. 어떤 사람은 봉사를 하고 또 다른 사람은 봉사를 받으면서 역할이 뒤바뀌지 않도록 주의를 합니다.

그렇지만 아직 인격적 관계를 깊이 있게 맺지 않은 사람들을 위해 어떻게 자신의 삶을 바칠 수 있겠습니까? 삶을 헌신한다는 것은 자신의 믿음과 회의, 희망과 절망, 기쁨과 슬픔, 용기와 두려움 등을 다른 사람들이 생명의 주인과 관계를 맺을 수 있도록 내놓는다는 것입니다.

그분은 우리가 목자가 되기를 원하신다.
남을 돌볼 뿐 아니라 자신도 보살핌을 받아야 하며,
용서하고 또 용서받는, 사랑하면서 다른 사람의 사랑을 받는
그런 연약한 한 인간으로 목회하기를 원하신다.

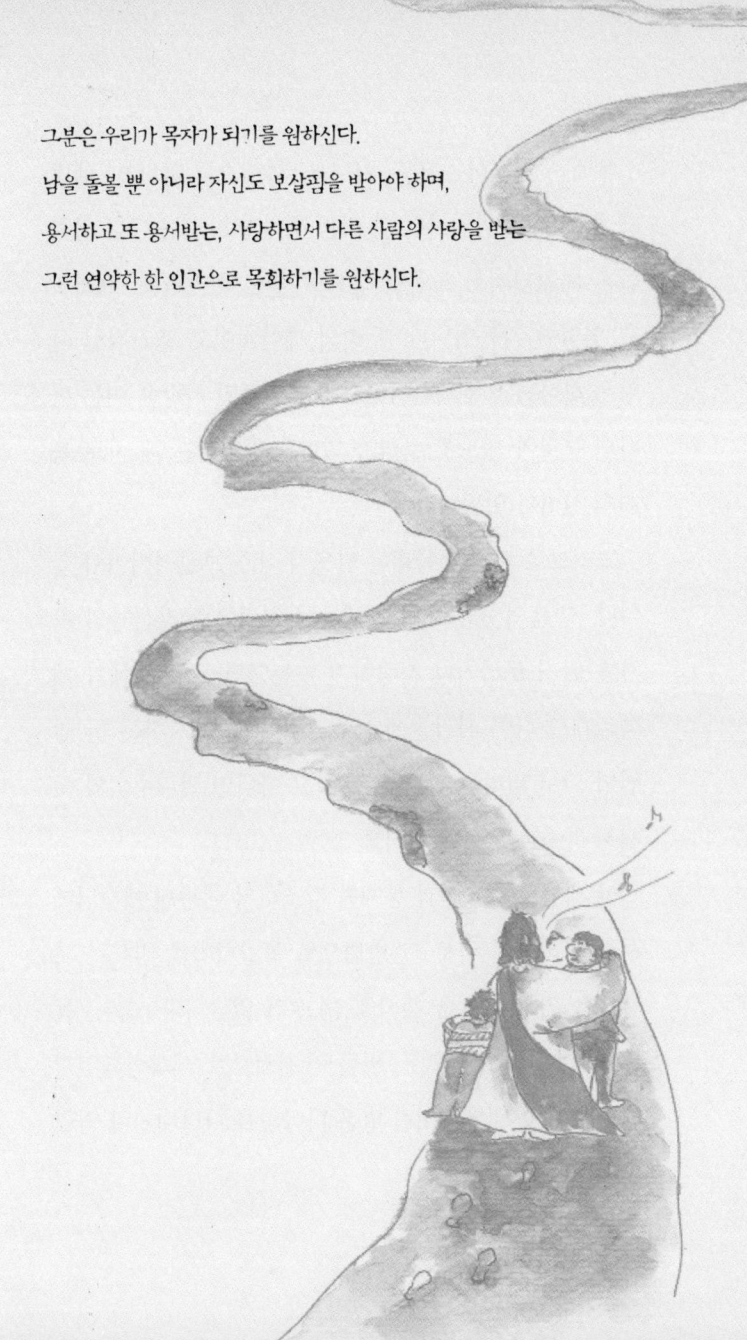

우리는 치료하는 자도 아니요, 화해자도 아니요, 생명을 주는 자도 아닙니다. 우리는 우리가 돌보는 다른 사람들과 마찬가지로 도움을 필요로 하는 죄인이요, 깨어지고 연약한 자들입니다. 우리의 제한적이고 조건적인 사랑이 하나님의 무제한적이고 무조건적인 사랑을 여는 하나의 통로가 되도록 우리가 택함을 받았다는 데 바로 목회의 신비가 있습니다.

그러므로 진정한 목회는 반드시 상호 보완적이어야 합니다. 믿음의 공동체의 지체들이 진정으로 자신들의 목자를 알지 못하거나 사랑하지 않는다면 목양 자체가 재빠르게도 다른 사람들에게 교묘히 힘을 행사하는 한 방법이 되어 버리고 맙니다. 그리고 아니면 권위주의와 독재적 특성을 보이게 되지요.

이 세상은 효율성과 통제를 강조하기 때문에 예수님께서 목양하셨던 바로 그 방법으로 목양하기를 원하는 사람들을 위한 모델을 제시해 줄 수가 없습니다. 소위 '돕는 직업'이라고 불리는 일들도 전적으로 세속화되었기 때문에 상호 관계성이란 말은 나약함을 나타내거나 역할

혼동의 위험한 한 형태로 보일 뿐입니다.

예수님이 말씀하시는 리더십은 이 세상이 제공하는 리더십하고는 근본적으로 차이가 있습니다. 로버트 그린리프의 용어를 빌리자면 이 리더십은 바로 '섬기는 리더십 servant leadership'이라고 할 수 있습니다. 이런 리더십을 가진 지도자는 자신이 섬기는 사람들이 자신을 필요로 하는 만큼 자신에게도 사람들이 필요한 그런 연약한 종입니다.

따라서 미래의 교회에서는 새로운 형태의 리더십을 요구할 것입니다. 그것은 이 세상의 파워 게임을 본뜬 리더십이 아니라 자신의 많은 사람들을 구원하는 데 생명을 주기 위해 오셨던 섬기는 지도자, 바로 예수 그리스도를 닮은 리더십입니다.

In the Name of Jesus 3
연약함을 고백하고 용서를 구하다

우리는 성육신의 삶을 살도록 부름받았다.
육신 안에 산다는 것은 공동체의 몸 안에 사는 것이며,
그 안에서 성령의 임재를 발견하는 것이다.

우리는 "미래의 크리스천 리더가 개인적 영웅주의에 빠지려는 유혹을 극복하려면 어떤 훈련을 해야 하는가?" 하는 질문에 직면해 있습니다. 그래서 여러분에게 고백과 용서의 훈련을 제안합니다.

영적 리더는 깊은 기도에 몰두한 신비주의자일 뿐만 아니라, 그들 자신의 부족함과 연약함을 기꺼이 고백하고 그들이 목회하는 사람들에게 용서를 구할 줄 아는 사람이어야 합니다.

고백과 용서는 죄인 된 우리 인간들이 서로를 사랑하는 한 형태입니다. 목회자들이야말로 기독교 공동체 안에서 제일 죄를 고백하지 않는 사람들이 아닌가 종종 생각합니다.

가톨릭에서 고해 성사라는 것을 하기도 합니다. 하지만 오히려 이는 자신의 취약점을 공동체로부터 숨기는 방편이 되기도 합니다. 물론 고해 성사에서는 죄를 고백하고 또 죄 사함을 받았다는 의식적인 말이 선포됩니다. 하지만 예수님의 화해와 치유의 현장을 경험할 수 있는 실제적인 만남은 거의 일어나지 않습니다.

그 속에는 너무나 큰 두려움과 거리감과 일반화만 있지 실제적으로 듣고 말하고 죄를 사하는 일은 거의 없기 때문에 진정한 의미의 고해 성사는 거의 기대할 수가 없습니다.

성직자들이 자신이 사역하는 사람들에게는 자신의 죄와 실패들을 숨기고 멀리 떨어진 낯선 이들에게서 약간의 위로를 구해야 한다면, 어떻게 그들이 진정으로 사랑과 관심을 받고 있다고 느낄 수 있겠습니까? 만일 사람들이 자신의 목자를 잘 모르기 때문에 깊이 사랑할 수 없다면, 어떻게 목자를 진심으로 돌보고, 또 목자가 자신의 성직을 성실하게 감당하도록 힘이 되어 줄 수 있겠습니까?

수많은 목회자들이 깊은 정서적 외로움 때문에 말할 수 없는 고통을 당하고 있습니다. 그들에게는 그 무엇보다 애정과 친밀감이 매우 절실합니다. 그런가 하면 때로는 교인들 앞에서 뿌리 깊은 죄책감과 수치심을 느끼기도 합니다.

그들은 이런 생각을 할지도 모릅니다. '혼자 서재에 앉아 있을 때 내가 무엇을 느끼고 무엇을 생각하고 무엇에 대해 공상을 하고 어디서 내 마음이 방황하는지 교인들이 안다면 어떻게 될까?'

헌신된 영적 지도자들조차도 세상 정욕에 너무나도 쉽게 무너지고 맙니다. 그 이유는 성육신의 진리를 어떻게 삶으로 살아 내야 하는지 모르기 때문입니다.

그들은 자신의 목회지인 공동체와 자신을 분리시켜 그들이 가진 욕구들을 무시해 버립니다. 혹은 채우더라도 멀리서, 아니면 익명의 장소에서 채우는 식으로 해결하려 합니다. 이런 과정을 거치는 사이 그들의 가장 은밀한 내면세계와 그들이 선포하는 복음의 세계는 점차 분리되어 가고 마는 것입니다.

자신의 영성을 외적으로 체계화하는 데만 열심을 내면 육신의 삶은 정욕적이 됩니다. 목회자들이 주로 머리로만 사역하고 복음을 하나의 사상으로 간주할 때, 그의 육신은 고래고래 소리치며 사랑과 친밀함을 구할 것입니다.

영적 리더는 성육신의 삶을 살도록 부름 받았습니다. 육신 안에 산다는 것은 단지 자신의 몸 안에만 사는 것이 아니라, 공동체라는 전체의 몸 안에서 하나의 지체로서 사는 것을 말합니다. 그리고 그 공동체 안에서 성령의 임재를 발견하는 것입니다.

영적 쉼터를 마련하라

 죄를 고백하고 용서하는 것은 형식적 영성화와 세상 정욕을 피하고 진정한 성육신의 삶을 살 수 있게 하는 훈련입니다. 죄를 고백함으로써 어둠의 세력들이 빛 가운데로 들어와 공동체에게 드러나고 축출되면서, 육체와 영혼의 새로운 연합이 가능해집니다.

 이 모든 것들이 매우 비현실적으로 들릴 수도 있습니다. 하지만 AA Alcoholics Anonymous, 알코올 중독 치유 모임나 ACA Adult Children of Alcoholics, 알코올 중독자 가정의 성인아이 치유 모임와 같은 치료 공동체를 경험해 본 사람들은 죄를 고백하고 용서하는 훈련이 얼마나 큰 치유력을 가지고 있는지 알 것입니다.

 성직자들을 포함하여 너무나 많은 크리스천이 자신이 속한 교회가 아니라, AA나 ACA의 '12단계 치유 경험'을 통해 성육신의 깊은 의미를 발견했습니다. 치유를 추구하는 '고백하는 공동체' 안에 하나님의 치유하심이 함께한다는 것을 깨닫게 된 것입니다.

목회자들이 자신의 죄와 과오를 설교단이나 매일의 목회 현장에서 숨김없이 털어놓아야 한다는 말은 아닙니다. 그런 일은 경솔한 일일뿐더러 섬기는 지도자의 모습도 결코 아닙니다.

이 모든 말이 의미하는 것은, 목회자들도 그 공동체가 책임져야 할 공동체의 온전한 지체로 부름 받았으며, 더불어 공동체의 사랑과 지원 또한 필요로 한다는 것입니다. 나아가 그들의 존재 전체로, 다시 말해 상처 입은 자아까지도 포함하여 사역하도록 부름 받았다는 것입니다.

특별히, 고통이 많은 사람들과 관련된 사역을 하는 목회자들에게는 자신들만을 위한 평온한 공간이 꼭 필요합니다. 그들에게는 사람들과 함께 자신의 깊은 고통과 투쟁들을 함께 나눌 공간이 필요하기 때문입니다. 그들을 필요로 하는 사람들이 아니라, 오히려 더 깊은 하나님의 사랑의 신비 속으로 그들을 인도해 줄 그런 사람들과 함께 말입니다.

다행히 나는 라르쉬에서 그런 공간을 가질 수 있었습니다. 함께한 사람들은 나의 숨겨진 고통들에 관심을 가 목회자에게는 자신들만을 위한 평온한 공간이 꼭 필요하다.
더 깊은 하나님의 사랑의 신비 속으로
그들을 인도해 줄 사람들과 함께
자신의 깊은 고통과 투쟁들을 나누는 시간을 가져야 한다.

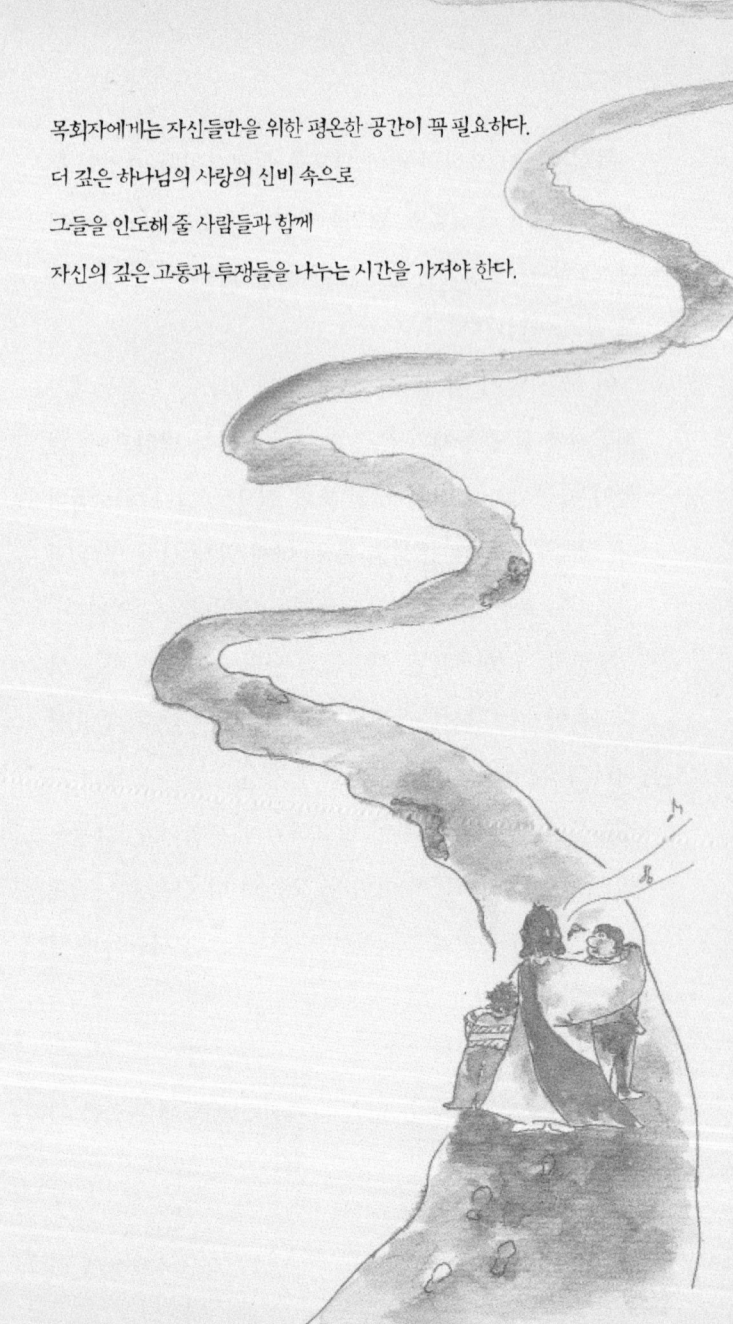

져 주고, 점잖은 충고와 사랑 어린 성원으로 나의 소명을 지켜 나가도록 해 주었습니다. 모든 성직자들이 자신을 위해 그런 평온한 공간을 가질 수 있기를 바랍니다.

From Leading to Being Led

내 양은 내 음성을 들으며

나는 저희를 알며

저희는 나를 따르느니라

요한복음 10:27

3부

예수님을 따르는 리더십
인도하는 자리에서 인도받는 자리로

권력의 유혹을 뛰어넘으라 | 사랑이 이끄는 삶을 살라
예수님의 마음으로 생각하기

In the Name of Jesus 1
권력의 유혹을 뛰어넘으라

'친밀함'을 두려워할수록 '힘'에 기대고 싶은 유혹이 커진다.

하버드에서 라르쉬로 오면서 저는 인도하는 자리에서 인도받는 자리로 이동했습니다.

나이를 먹을수록 아는 지식도 많아지고, 처세에도 능해질 터이니 리더십 또한 더 탁월하게 발휘할 수 있다고 믿었습니다. 그리고 정말로 한 살 한 살 나이를 더해 갈수록 자신감이 더욱 커졌습니다. 더 많은 것을 알게 되었고, 내가 아는 것을 표현할 수 있는 능력이 풍부해졌다고 느꼈습니다. 그렇게 발전했다는 생각을 하면서 나의 삶을 조절하는 능력 또한 한결 더 좋아졌다고 자신만만해 했습니다.

그러나 내 삶을 능히 조절할 수 있다고 믿었던 내 능력은 라르쉬에서 산산조각이 나고 말았습니다. 라르쉬에서 보내는 매시간, 매일, 매월 거의 감당할 수 없는 놀라움으로 가득했기 때문입니다.

우선 빌은 순간순간마다 바로바로 그것도 아주 솔직하게 자기 의사를 표현합니다. 그는 내 설교에 공감하든 혹은 공감하지 않든 간에 그 말을 하기 위해 예배가 끝날 때까지 기다려 주지 않습니다. 스스로 짐짓 우월하다고 자랑하던 나의 논리적 생각에 그는 전혀 논리적으로 반응해 주지 않습니다.

흔히 사람들은 내 말이나 행동이 자기들 생각과 다를 때 그냥 속으로 '나와 다르군' 해 버립니다. 그러나 라르쉬 사람들은 자신의 느낌이나 감정을 감추는 일이 없습니다. 사랑의 마음이든 분노의 마음이든, 갈급한 마음이든 간에 자신들의 마음을 아주 솔직하게 그 자리에서 말합니다.

그들을 만난 이후 매우 중요한 사실을 하나 깨달았습니다. 그 어느 때보다 탁월하다고 생각했던 나의 리더십이 겨우 복잡한 상황이나 혼란스런 감정이나 불안한 마음을 제어하려는 욕구에 머물러 있다는 것이었습니다.

그들의 생각과 행동 등 생활 방식에 적응하기까지 매우 오랜 시간이 걸렸습니다. 아니, 엄밀히 말해 지금도 하나씩 하나씩 적응해 가고 있습니다. 그래서 지금도 순간순간 그들에게 입 다물고 조용하라고, 질서를 지키라고, 말 좀 들으라고, 내 말을 믿으라고 압력을 넣을 때가 종종 있습니다.

그리고 또 하나 '리더십'이 '리드를 당하는 것'을 의미하기도 한다는 신비한 사실도 깨달았습니다. 그들에게는 그들만의 독특한 은사와 은혜가 있습니다.

그들은 어느 학교에서도 배우지 못했던 기쁨과 평화, 사랑과 관심과 기도에 대해서 가르쳐 줍니다. 그들은 또한 아무도 가르쳐 줄 수 없었던 슬픔과 폭력과 두려움과 무관심에 대해서도 가르쳐 줍니다. 무엇보다 그들은 내가 우울하고 실망했을 때, 하나님의 첫째 사랑을 보여 주었습니다.

예수님이 받았던 세 번째 시험이 무엇인지 다 아실 것입니다. 바로 힘에 대한 시험이었습니다.

마귀가 예수님께 말했습니다. "내가 이 세상 모든 나라의 영광을 네게 주겠다." 지난 수십 년간 미국을 포함한 여러 서방 국가들에서 그 많은 사람들이 왜 교회를 떠났을까요? 바로 '힘' 때문입니다.

기독교 역사의 가장 큰 아이러니 가운데 하나는 크리스천 지도자들이 힘의 시험에 굴복했다는 것입니다. 그들은 정치적인 힘이나 군사적인 힘, 경제적인 힘, 도덕적이고 영적인 힘 등에 매료되어 하나님의 말씀을 선포하는 중에도 바로 그 '힘'을 의지했습니다. 그러면서도 그들은 말로는 자신의 신성한 힘에 의존하지 않고 자신을 비워 인간의 모습이 되신 예수 그리스도의 이름으로 선포해 왔습니다.

가장 큰 유혹은 힘을 복음 선포의 유용한 도구로 간주하려는 것입니다. '힘을 갖는 것'이 하나님과 동료들을 섬기는 데 쓰인다면 좋은 것이라는 말을 끊임없이 들어

왔고, 또 다른 사람들에게도 그렇게 말해 왔습니다.

이런 합리화 때문에 십자군도 생겨났고, 종교 재판소가 설립되었으며, 인디언들은 노예가 되었습니다. 또한 사람들에게 큰 영향력을 미치는 권세 있는 자리들을 바라게 되었습니다. 그러면서 감독들은 갈수록 집을 크게 짓고, 교회들은 저마다 더 화려하게, 더 크게 짓는 데 열을 올렸으며, 신학교들도 앞다투어 화려하게 치장했습니다. 양심까지도 도덕적으로 조작하는 일도 서슴지 않았습니다.

11세기에 있었던 교회 대분열, 16세기의 종교 개혁, 20세기의 거대한 세속화 등과 같은 교회사에 큰 위기를 불러일으킨 주요 원인은, 가난하고 힘없는 예수 그리스도를 따른다고 자처하는 사람들이 행사한 바로 그 '힘' 때문이었습니다.

사랑의 관계로 들어가라

힘에 대한 유혹에 그토록 쉽게 무너지는 이유는 무엇입니까? 아마도 힘이 사랑이라는 어려운 과제에 대한 손쉬운 대체물을 제공하기 때문인 듯싶습니다.

하나님을 사랑하기보다는 하나님 되는 것이 더 쉽고, 사람들을 사랑하기보다는 사람들을 다스리는 것이 더 쉽습니다.

예수님은 "네가 나를 사랑하느냐?" 하고 물으십니다. 우리는 "당신의 나라에서 당신의 오른편에 또는 왼편에 앉을 수 있을까요?"마 20:21참조 라고 묻습니다.

뱀이 "너희가 그것을 먹는 날에는 너희 눈이 밝아 하나님과 같이 되어 선악을 알 줄을 하나님이 아심이니라"창 3:5라고 말한 이래로 우리는 사랑을 힘과 바꾸려는 유혹을 끊임없이 받아 왔습니다. 예수님은 광야에서 십자가까지 이 유혹을 가장 고통스런 방법으로 받는 삶을 사셨습니다.

교회 역사 가운데 가장 고통스러운 역사는 사랑 대신

힘을, 십자가 대신 지배를, 인도받기보다는 인도하려는 유혹을 받아 온 사람들의 역사입니다. 이런 유혹을 끝까지 이겨 내어 우리에게 소망을 주는 사람들이야말로 진정한 성도라고 할 수 있습니다.

한 가지 분명한 것은, '친밀함intimacy'을 두려워할 때 '힘power'에 기대고 싶은 유혹이 극대화된다는 것입니다. 건강하면서도 친밀한 관계를 발전시키는 법을 모른 채 그저 힘과 지배력만 내세우는 많은 크리스천들이 위험한 리더십을 행사합니다. 기독교 왕국을 세우려 했던 많은 사람들이 정작 사랑을 줄 줄도, 또 받을 줄도 모르는 사람들이었습니다.

사랑 대신 힘을, 십자가 대신 지배를,
인도받기보다는 인도하려는 유혹을
끝까지 이겨 내어 우리에게 소망을 주는
사람들이야말로 진정한 성도다.

In the Name of Jesus 2
사랑이 이끄는 삶을 살라

성숙이란, 자신이 가고 싶지 않은 곳으로 기꺼이
이끌려 갈 수 있는 능력이다.

이제 다시 예수님께로 돌이켜야 합니다. 왜냐하면 예수님은 베드로에게 다른 사람보다 예수님을 더 사랑하는가를 세 번씩이나 물으시고, 세 번이나 목자가 되라는 명령을 주신 후에 다음과 같이 말씀하셨기 때문입니다.

> 내가 진실로 진실로 네게 말하노라 네가 젊었을 때에는 스스로 네 옷을 차려 입고 네가 원하는 곳을 마음대로 다녔으나 네가 늙으면 너는 팔을 벌리고 다른 사람이 네 옷을 입혀 네가 원하지 않는 곳으로 너

를 데려갈 것이다 요 21:18 참조.

나를 하버드에서 라르쉬로 옮겨 가게 해 준 말씀입니다. 이 말씀에는 크리스천 리더십의 핵심이 담겨 있습니다. 그리고 우리가 힘에 의지하지 않고 예수님의 겸손한 길을 따를 수 있도록 새로운 길을 제시해 주기도 합니다.

세상은 이렇게 말합니다. "네가 어렸을 때는 의존적이었고 네가 원하는 대로 갈 수 없었지만, 네가 자라서 스스로 결정할 수 있을 때는 네 독자적인 길을 가고 네 운명을 지배하도록 하라."

그렇지만 예수님은 성숙에 대해 다른 생각을 갖고 계십니다. 성숙이란, 자신이 가고 싶지 않은 곳으로 기꺼이 이끌려 갈 수 있는 능력입니다.

베드로에게 목자가 되라는 명령을 주신 직후에 예수님은 '섬기는 지도자'는 자신이 모르는, 또 바라지도 않는 고통스러운 곳으로 이끌려 가는 지도자라는 받아들이기 어려운 진실로 도전을 하십니다.

영적 리더십의 길은 이 세상이 지나치게 강조하는 그런 '상향적인' 길이 아니라 십자가에서 끝나는 '하향적인' 길입니다. 이 말이 자기 학대적으로 들릴 수도 있습니다. 하지만 하나님의 첫째 사랑의 음성을 듣고 "예"라고 대답한 사람들에게는 예수님의 하향적 길이 곧 하나님의 평화와 기쁨의 길이 됩니다. 그리고 그 평화와 기쁨은 이 세상에 속한 것이 아닙니다.

겸손하게 주를 따르는 삶

여기에서 우리는 미래의 크리스천 리더십의 가장 중요한 특성을 접하게 됩니다. 그것은 힘과 지배의 리더십이 아니라 무력powerlessness과 겸손의 리더십이라는 것입니다. 그 속에서 고통받는 하나님의 종 예수 그리스도께서 나타나십니다. 분명히 말하지만, 내가 말하는 리더십은 단지 자신이 처한 환경의 수동적인 희생물이 되는, 심리적으로 유약한 리더십이 아닙니다.

사랑 때문에, 오직 사랑 때문에 계속해서 힘의 사용을 포기하는 리더십을 말하는 것입니다. 그것이 바로 진정한 크리스천 리더십입니다.

영적인 삶에서 힘이 없다는 것과 겸손하다는 것은 줏대 없이 다른 사람들이 대신해서 모든 결정을 하도록 내버려 두는 사람들을 일컫는 말이 아닙니다. 오히려 예수님을 깊이 사랑해서 어디로 인도하시든지 그분을 따를 준비가 되었다는 것입니다. 예수님과 함께함으로써 생명을 찾고 또 풍성히 찾을 것이라고 언제나 믿는 사람들을 일컫습니다.

다가오는 내일의 리더는 양식이나 주머니나 돈이나 여벌 옷도 가지지 말고 지팡이 하나만을 가지고 여행하는 철저히 가난한 리더여야 합니다막 6:8 참조. 가난해서 유익한 것이 무엇이 있을까요? 아무것도 없습니다. 다만 가난은 우리가 인도받는 자가 되게 함으로써 우리가 참 지도력을 발휘하게 해 줍니다.

우리가 돕는 사람들이 보이는 긍정적이거나 부정적인 반응에 귀를 기울이게 될 것이며, 그렇게 함으로써 성령께서 우리를 인도하기 원하시는 곳으로 바르게 인도함을 받게 될 것입니다. 풍요와 부는 예수님의 길을 제대로 분

진정한 영적 리더는 예수님을 깊이 사랑해서
어디로 인도하시든지 그분을 따를 준비가 되었으며,
예수님과 함께함으로써 생명을 찾고
또 풍성히 찾을 것이라고 언제나 믿는 사람이다.

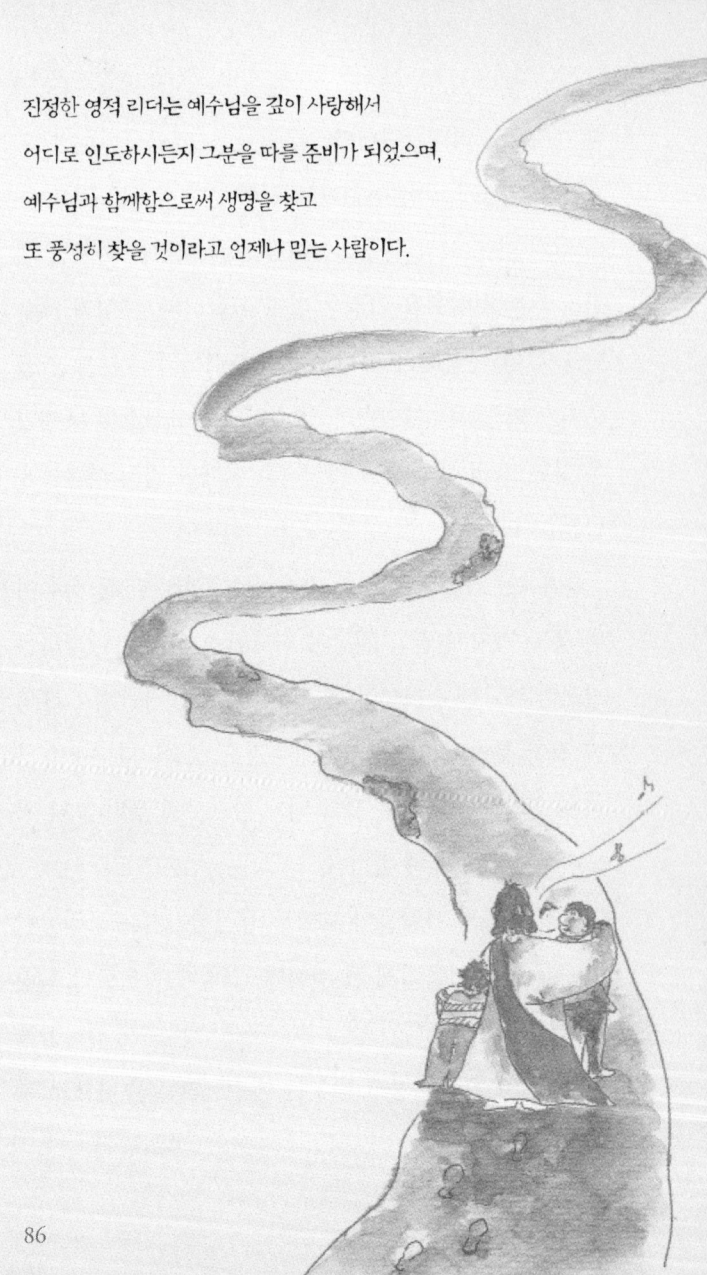

별하지 못하게끔 합니다. 바울은 디모데에게 이렇게 씁니다.

> 부하려 하는 자들은 시험과 올무와 여러 가지 어리석고 해로운 정욕에 떨어지나니 곧 사람으로 침륜과 멸망에 빠지게 하는 것이라
> 딤전 6:9.

만일 미래 교회에 희망이 있다면, 그것은 바로 리더들이 기꺼이 인도를 받는 자리에 서려고 하는 가난한 교회에 거는 희망일 것입니다.

In the Name of Jesus 3
예수님의 마음으로 생각하기

진정한 영적 리더십은 인류에게 영생의 길을 열어 주신
'예수님의 이름으로' 생각하고 말하고 행동한다.

이와 같은 지도자가 되기 위해서는 철저한 '신학적 성찰'에 대한 훈련이 필요합니다. 기도를 통해 하나님의 첫째 사랑을 잃지 않았듯이, 또 죄를 고백하고 용서함으로써 목회를 공동체적이고 상호 관계를 유지하도록 했듯이, 철저한 신학적 성찰을 통해 우리가 어디로 인도받고 있는지 깨닫게 될 것입니다.

오늘날에는 신학적으로 사고하는 목회자들이 거의 없습니다. 대부분의 목회자들이 심리학이나 사회학과 같은 행동 과학이 지배적인 교육 환경 속에서 교육을 받아 왔습니다. 그렇다 보니 기독교의 많은 지도자들이 제기하는 질문은 성경적 용어로 포장된 심리학적이거나 사회학적인 질문들이 대부분입니다. 진정한 신학적 사고, 즉 예수님의 마음에서 나온 사고는 실제 사역 현장에서 찾아보기가 어렵습니다.

철저한 신학적 성찰이 없다면 미래의 크리스천 리더들은 심리학자, 사회학자, 사회사업가의 아류에 지나지 않을 것입니다. 그들은 자신을 그저 능력 있는 사람, 촉매 역할을 하는 사람, 역할 모델, 부모상 등으로 생각할 것입니다. 결국 일상생활의 스트레스나 긴장을 극복하도록 돕는 수많은 사람들과 별다를 것이 없는 것입니다.

진정한 영적 리더는 죽음의 세력에서 인류를 벗어나게 하시고 영생의 길을 열어 주신 예수님의 이름으로 생각하고 말하고 행동합니다. 그런 리더가 되기 위해서는 하나님께서 어떻게 인간의 역사에서 일하시는지 분별해야 합니다. 또한 우리 삶에서 일어나는 개인적, 공동체적, 국가적, 세계적 사건들을 통해 어떻게 하면 십자가로, 그리고 십자가를 통해 부활로 인도될 수 있는지 분별할 수 있어야 합니다.

미래의 영적 리더는 자신들이 처한 시대의 고통과 고난을 극복하는 데서 그치지 말고, 예수님이 자신의 백성들을 노예에서 광야를 거쳐 자유의 새 땅으로 인도해 가시는 그 방법들을 확인하고 선포해야 합니다.

크리스천 리더는 개인적 투쟁이나 가족 간의 갈등, 국가적 재난과 국제 관계의 긴장 등에 대해서 하나님의 실재적 임재에 대한 분명한 믿음으로 답변해야 합니다. 그들은 어떤 형태로든 운명론, 패배주의, 우연론, 혹은 통계학이 진리를 말하고 있다고 믿게끔 만드는 자연 발생론 등에 대해서 반드시 "아니오"라고 대답해야 합니다. 그들은 또한 인생을 순전히 행운이냐 악운이냐로 보는 모든 형태의 절망에 대해서도 "아니오"라고 대답해야 합니다.

그리고 고통, 고난, 죽음 등과 같은 피할 수 없는 상황에 직면할 때 사람들을 체념이나 냉정한 무관심에 빠뜨리려고 하는 그 어떤 감상적인 시도에 대해서도 반드시 "아니오"라고 대답해야 합니다. 간단히 말해서, 세속적인 세계를 향하여 반드시 "아니오"라고 말하면서 동시에 모든 만물을 이 세상에 존재케 하신 하나님 말씀의 성육신이 인류 역사의 가장 작은 일까지도 카이로스Kairos로, 즉 그리스도의 가슴속으로 우리를 인도해 주는 기회로 만들었다는 사실을 분명한 목소리로 선포해야 합니다.

미래의 크리스천 리더는 신학자가 되어야 합니다. 올바른 신학자란, 예수님의 마음을 알고 우연처럼 보이는 수많은 사건들 가운데서도 하나님의 성스러운 구원 사역을 표명하도록 훈련받은 사람들을 말합니다.

신학적 리더십을 훈련하라

신학적으로 성찰한다는 것은 예수님의 마음을 가지고 일상의 고통이나 기쁨 같은 현실들을 깊이 생각하는 것입니다. 더불어 그렇게 함으로써 인간의 의식을 하나님의 부드러운 인도하심을 아는 데까지 끌어올려 주는 것입니다. 하나님의 임재는 종종 숨겨져 있어서 힘써 찾아야 합니다.

신학적 성찰은 그만큼 힘든 훈련입니다. 세상의 시끄럽고 떠들썩한 소리들은 우리가 하나님의 온화하고 사랑스러운 음성을 듣지 못하도록 방해합니다. 그러나 영적 리더는 사람들이 이 음성을 듣고 위로와 평안을 얻을 수 있게끔 돕기 위해 부름을 받았습니다.

미래의 크리스천 리더십은 신학적 리더십이어야 합니다. 그러기 위해서는 먼저 신학교에서 많은 일을 해야 합니다. 신학교는 사람들이 시대의 징후들을 바르게 분별하도록 훈련해야 합니다. 여기서 훈련이란, 지적인 것뿐만 아니라 몸과 마음과 생각을 포함하는 '영적 체계화 spiritual formation'를 위한 훈련을 말합니다.

그런데 신학교들이 너무 세속화되어 있습니다. 그렇다 보니 대다수 신학교들은 힘에 의지하지 않고 자신을 비워 종의 형태를 취하셨던 예수님의 마음을 입는 것에 전혀 관심이 없습니다. 경쟁적이고 야망으로 가득한 이 세상 모든 것은 예수님의 마음과 맞서 있습니다. 그러나 이런 영적인 체계화를 추구하고 실현한다면 다가오는 세기의 교회에는 분명 희망이 있을 것입니다.

세상의 시끄럽고 떠들썩한 소리들은
우리가 하나님의 온화하고 사랑스러운 음성을
듣지 못하도록 방해한다.
영적 리더십은 사람들이 이 음성을 듣고
위로와 평안을 얻을 수 있도록 돕기 위해 부름 받았다.

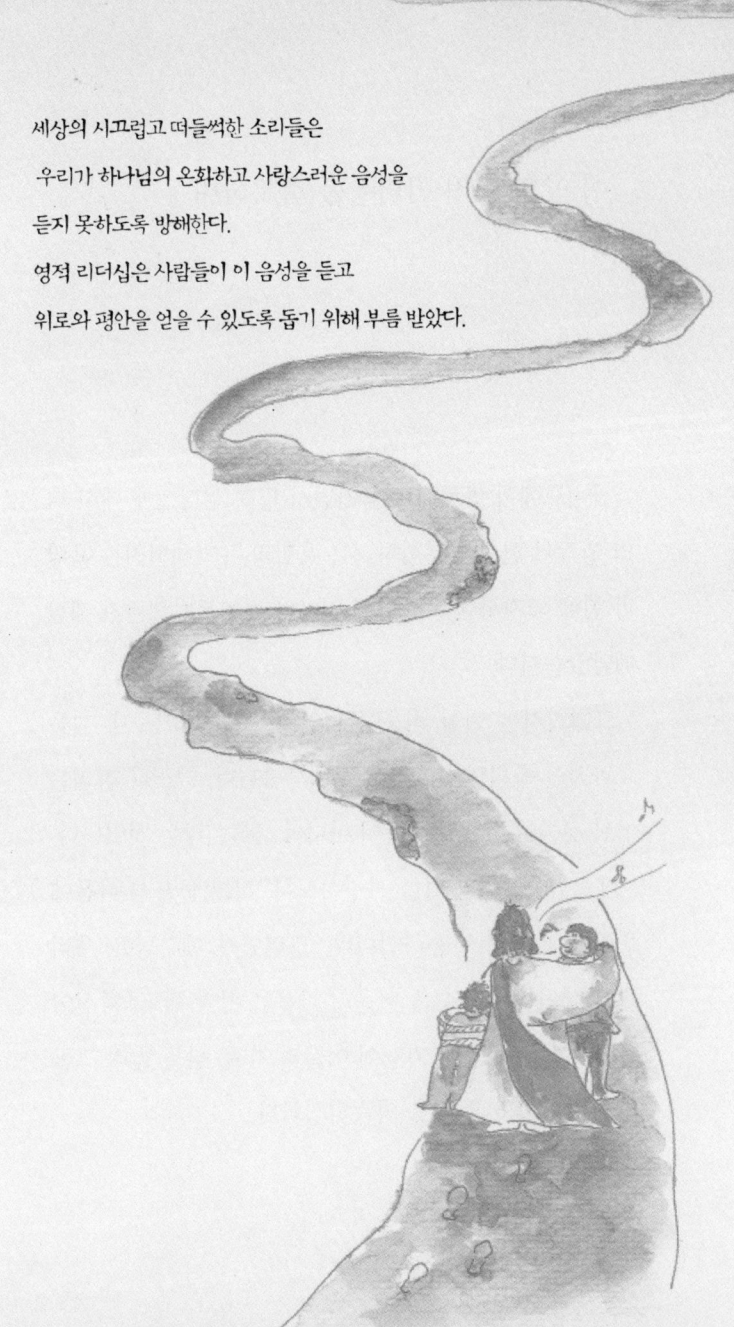

나오는 글
이 땅의 영적 리더십을 축복하며

하버드에서 라르쉬로 옮기면서 영적 리더십에 대한 나의 생각이 현실에 부합하려는 욕망과 유명해지려는 욕망과 힘에 의지하려는 욕망에 얼마나 좌지우지됐는지 새삼 깨달았습니다.

그때까지는 현실 적응이나 인기, 보잘것없는 내 힘을 효과적인 목회의 요소라고 생각했습니다. 그러나 진리는 이런 것들이 하나님의 뜻이 아니라 유혹이라는 것입니다.

예수님은 "네가 나를 사랑하느냐"라고 물으신 다음에 우리를 목자로 파송하십니다. 그러면서 예수님은 우리에게 나이를 먹을수록 더욱더 마음을 활짝 열고, 자신이 원하지 않는 곳으로 기꺼이 이끌려 가 두 팔을 벌려 그들을 보살펴야 하는 삶을 약속하십니다.

그분은 우리가 현실적으로 더 나은 삶을 추구하기보다는 묵상 기도에 힘써 하나님과 연합하기를 바라십니다. 그리고 명성을 얻기 위해 애쓰는 것이 아니라, 공동체 안에서 서로 사랑하고 아픔과 허물 또한 주고받으며 사역해 나가기를 바라십니다.

끝으로 하나님은 힘 위에 세워진 리더십은 기뻐하지 않으십니다. 하나님께서 우리와 우리가 목회하는 사람들을 어디로 인도하시는지를 확실히 분별하는 그런 리더십으로 옮아 가기를 요구하십니다.

라르쉬 사람들이 나에게 새로운 길을 보여 줍니다. 그러나 부족한 나는 그런 것들을 빨리 배우지는 못합니다. 상당히 유용하다고 생각하는 옛날 양식들을 포기하기가 그리 쉽지 않기 때문입니다.

그러나 21세기의 크리스천 리더십에 대해 생각하면서 분명해지는 것이 하나 있습니다. 지금까지 배울 점이라고는 하나도 없다고 생각했던 사람들에게서 오히려 많은 것을 배우고 깊은 깨달음을 얻는다는 것입니다. 내가 새로운 생활에서 배우는 것들이 여러분이 미래의 영적 리더십을 추구하는 데 도움이 되기를 기도합니다.

지금까지 말한 이야기들은 결코 새로운 내용이 아닙니다. 그렇지만 리더십에 대한 이와 같은 전통적인 생각들이 미래에도 실현되기를 희망하고 기도합니다.

두 팔을 벌리고 낮은 데로 임하는 지도자의 모습을 갖추십시오. 기도하는 지도자, 현실의 힘에 의지하지 않는

지도자, 사람들로부터 진심으로 신뢰받는 지도자가 되어 주십시오. 이런 지도자의 모습이 다가오는 세기를 맞이하는 당신의 가슴을 희망과 용기와 자신감으로 가득 채우기를 기원합니다.

에필로그
예수님의 이름으로 함께하기

이런 생각들을 글로 쓰는 것과 워싱턴에 가서 그 생각을 발표하는 것에는 상당한 차이가 있었다.

빌과 함께 공항에 도착해 우리를 마중 나온 사람들을 따라 크리스탈 시티에 있는 클래런던 호텔로 갔다. 그 도시에는 포토맥 강을 따라 공항과 같은 쪽에 유리처럼 보이는 최신식 고층 건물들이 밀집해 있었다. 빌과 나는 그 호텔의 번쩍번쩍하는 풍취에 강한 인상을 받았다.

우리에게 2인용 침대가 있는 널찍한 방 하나씩을 각각 주었다. 방에는 수건들이 가득하고 케이블 TV가 있었다. 빌이 묵는 방 탁자에는 과일 바구니와 와인이 한 병 놓여 있었는데, 빌은 그것을 무척 좋아했다. TV를 즐겨 보는 빌은 커다란 침대 위에 편안히 자리잡고 앉아 리모컨으로 모든 채널을 확인했다.

우리가 함께 복음을 전해야 할 시간은 너무나 빨리 다가왔다. 금빛 초상과 작은 분수로 장식된 연회장에서 뷔페로 맛있는 저녁을 먹은 뒤, 빈센트 드와이어가 우리 둘을 청중들에게 소개했다. 그 순간까지도 나는 빌과 '그것을 함께한다'는 의미를 몰랐다.

나는 혼자 오지 않았고 빌과 함께 와서 매우 기쁘다는

말로 말문을 열었다. 그러고 나서 원고를 꺼내 강대상에 올려놓고 강연을 시작했다. 그때 빌이 자리에서 일어나더니 단 위로 올라와 바로 내 오른쪽 뒤에 자리 잡았다. '그것을 함께한다'는 것에 대해 빌이 나보다 훨씬 더 구체적인 생각을 갖고 있는 것이 분명했다.

이후 내가 한 장씩 읽기를 끝낼 때마다 빌이 내 원고를 가져가 옆에 있는 조그만 탁자 위에 차곡차곡 쌓았다. 그렇게 하니 더없이 편했고, 빌이 함께 있다는 것이 큰 힘으로 느껴지기 시작했다.

그러나 빌은 그보다 더 적극적으로 '함께' 했다. 현실 타협의 유혹으로 돌을 빵으로 변화시켜 보라는 유혹에 대해 말하기 시작하자 빌은 내 말을 막으며 모든 사람들에게 들릴 만큼 큰소리로 말했다.

"전에 그 얘기를 들었어요!"

그는 내 말을 듣고 있는 목회자들이 그가 나를 아주 잘 알고 있으며, 나의 사상에 대해 아주 익숙해 있다는 사실을 알아주기를 원했다. 그렇지만 나에게는 그 말이 나의 생각들이 내가 청중들이 믿어 주기를 원하는 만큼 새로운 것이 아님을 부드럽게 상기시켜 주는 듯 느껴졌다.

빌이 함께 개입함으로써 강연장 분위기가 한층 가볍고 편안해졌다. 심지어 재미있게 해 주었다. 빌이 자칫 딱딱해지기 쉬운 강연장 분위기를 소박하고 평범한 일상처럼 만들어 준 것이다. 강연을 계속해 나가면서 우리가 진실로 그 일을 함께하고 있음을 더욱 더 강하게 느꼈다.

강연 2부로 넘어가 이 부분을 읽었다.

"나와 함께 사는 장애인들이 내게 가장 많이 하는 질문은 '오늘 밤 집에 있어요?' 라는 질문입니다."

그때 빌이 다시 끼어들었다.

"맞아요. 존 스멜츠는 항상 그렇게 묻지."

빌은 존 스멜츠와 함께 같은 집에서 꽤 여러 해 동안 살았기에 그를 잘 알았고, 단순히 사람들이 자신의 친구를 알아주기를 원했다. 그런데 그 말은 마치 청중을 데이브레이크의 일상으로 초대하는 듯했다.

연설문을 다 읽은 뒤 사람들이 감사 표시를 하자 빌이 말했다.

"헨리, 내가 한마디 해도 되겠습니까?"

순간 이런 생각이 들어 멈칫했다. '이 일을 어쩌지? 저 친구가 횡설수설해서 어색한 분위기를 만들지도 모르는데.'

그러나 곧 그가 분위기를 흐트리지 않을 것이라 믿고 청중들에게 말했다.

"잠깐 자리에 다시 앉아 주시겠습니까? 빌이 여러분께 몇 마디 드릴 말씀이 있다고 합니다."

빌은 마이크를 잡고서는 아주 힘겹게 한마디 한마디 했다.

"지난번 헨리가 보스턴에 갔을 때는 존 스멜츠를 데리고 갔습니다. 그리고 이번에는 그가 저와 함께 워싱턴에 오는 것을 원했고 저는 이 자리에 함께 있게 되어 매우 기쁩니다. 너무너무 감사합니다."

그 말이 전부였고 모든 사람들이 일어나서 그에게 따뜻한 박수를 보냈다.

단 위에서 내려왔을 때 빌이 나에게 물었다.

"헨리, 내 연설 어땠어요?"

"아주 좋았어요. 모든 사람들이 당신 연설을 진심으로 좋아했어요."

내 대답에 빌은 무척 좋아했다.

사람들이 다과를 들기 위해 모여들자 빌은 더욱더 마음이 열렸는지 한 사람 한 사람에게 자신을 소개했다. 다과 시간이 유쾌하냐고 물으며 데이브레이크에서의 자신의 생활을 이야기했다. 그렇게 그곳에 모인 사람들을 모두 만나느라 그는 무척 바빴다.

다음날 아침 식사 시간, 빌은 테이블마다 다니면서 지난밤 알게 된 모든 사람들에게 작별 인사를 했다. 그렇게 빌에게 무척 많은 새 친구가 생겼다.

토론토로 돌아오는 비행기 안에서 빌은 어디를 가든 가지고 다니는 단어 맞추기 책을 들여다보면서 나에게 말했다.

"헨리, 우리 여행 어땠어요?"

"참 좋았어요. 빌과 함께 와서 참 기뻐요."

그러자 빌은 나를 찬찬히 바라보면서 이렇게 말했다.

"우리가 함께 이 일을 해낸 거지요? 그렇죠?"

그제야 비로소 "두세 사람이 내 이름으로 모인 곳에는

나도 그들 중에 있느니라"마18:20라는 예수님의 말씀을 진정으로 깨달았다.

과거에 나는 늘 혼자서 강의하고, 설교하고, 강연하고, 연설도 했다. 종종 내가 한 말들을 사람들이 어느 정도나 기억할지 궁금했다. 그러나 그때는 내가 말한 것들은 오래 기억되지 않을지라도, 빌과 함께했던 일은 쉽게 잊히지 않으리라 생각했다.

우리를 함께 보내셨으며, 여행 중 우리와 내내 함께하셨던 예수님께서 크리스탈 시티 클래런던 호텔에 모였던 사람들에게 실제로 함께하셨기를 기도했다.

비행기가 착륙했을 때 빌에게 이렇게 말했다.

"빌, 함께 가 주어서 정말 고마워요. 참 멋진 여행이었어요. 우리가 한 일들은 예수님의 이름으로 우리가 함께 한 일이었어요."

진심에서 우러난 고백이었다.